... et à quelle histoire ils appart

pic-vert - B5 : La belette - B6 : L'abeille - B7 : Les 3 oiseaux - C : BLUETTE ET RONCHON - C1 : Bluette - C2 : Ronchon - C3 : Le braconnier - D : BOUBAM ET LE TAM-TAM - D1 : Boubam - D2 : Petit Singe
petit mouton blanc - F3 : Le berger des étoiles - G : LEILA ET LA BALEINE - G1 : Leïla - G2 : La baleine - G3 : Le vieil homme - G4 : Le chasseur de baleines - H : PITOU L'ENFANT ROI - H1 : Pitou - H2 : Violette

L'ARBRE ROUX

UNE HISTOIRE DE JEAN-PIERRE IDATTE
ILLUSTRÉE PAR MICHEL TRUBLIN

UN LIVRE 3 CHARDONS

C'était un tout jeune arbre,
timide et seul dans le pré.
J'aimais regarder ses feuilles rousses.
J'aimais plier ses branches souples,
toucher son jeune tronc et son écorce dure.
Et je l'appelais : L'Arbre Roux.

Un matin, de très loin,
trois oiseaux se sont envolés
pour se cacher derrière ses feuilles.

Tout aussitôt, à son sommet,
un corbeau s'est perché : « Croa ! Croa ! »
Dans ses branches, un écureuil a sauté,
puis s'est balancé : « Pic-pic ! Pic-pic-pic ! Pic-Pic-Pic-Pic-Pic ! »
Sur son tronc, une belette a grimpé,
dans un trou, s'est glissée : « Frr ! Frr ! Frrrrrr ! »
Et tout à côté, une petite abeille s'est installée : « Bzz ! Bzz ! Bzzzzzz
Alors, sur son écorce,
un pic-vert est venu piquer, toquer, cogner :
« Toc-toc ! Toc-toc ! Toc-toc ! »

Maintenant, c'est un tout jeune arbre, joyeux et animé.

Joyeux et animé !
Mais alors, pourquoi les oiseaux partent-ils ?
Pourquoi le corbeau se cache-t-il ?
Et l'écureuil ? Et la belette ?
Et l'abeille ? Et le pic-vert ?
De quoi donc ont-ils peur ?
Et pourquoi tremblent-ils ? Pourquoi ?

C'est le grand bûcheron,
avec son chapeau
et avec ses moustaches.

C'est le grand bûcheron.
Avec sa lourde hache,
il veut couper l'arbre.

C'est le grand bûcheron.
Au pied de L'Arbre Roux,
le voilà qui lève sa hache.

Mais soudain, le bûcheron crie :
« Ah, ça ! Par mes moustaches !
Qui donc me lance une noisette,
une noisette sur la tête ? »

« Pic-pic ! Pic-pic-pic-pic-pic ! »

Mais soudain, le bûcheron hurle :
« Ah, ça ! Par mon chapeau !
Mais qui me pique, qui me pique à la fesse ? »

« Bzz ! Bzz ! Bzzzzzzz ! »

Mais soudain, le bûcheron hurle et crie :
« Ah, ça ! par mes moustaches et mon chapeau !
Mais qui donc monte dans ma culotte ? »

« Frr ! Frr ! Frrrrrrrr ! »

Et puis, le bûcheron éclate :
« Corbeau ! Rends-moi mon chapeau !
Maudit corbeau ! Mon chapeau !
Maudit chapeau ! Mon corbeau ! »

« Croa ! Croa ! »

Enfin, le bûcheron sanglote.
« Damné pic-vert !
Tu as cassé ma hache. »

« Toc-toc ! Toc-toc-toc-toc-toc-toc-toc-toc-toc ! »

« Je vais me venger, gronde le bûcheron.
Ces maudits animaux, je m'en vais les chasser.
Et c'est par le corbeau que je vais commencer.
Corbeau, tu peux trembler.
D'un seul coup de bâton, je m'en vais t'assommer. »

Mais c'est un et deux corbeaux,
et puis trois, qui tombent
sur le bûcheron en criant :
« Croa ! Croa ! et Croa ! »
« Quoi ! dit le bûcheron.
On se moque de moi.
Un corbeau, c'est pas trois. »

«Je vais me venger, grogne le bûcheron.
Petit écureuil, au creux de mon poing,
je m'en vais t'étouffer.»

Mais c'est dix écureuils qui lancent, chacun,
une noisette sur la tête du bûcheron.
« Pic-pic-pic-pic-pic-pic-pic-pic-pic-pic ! Pic ! »
« Cela fait dix noisettes, crie le bûcheron,
dix noisettes sur la tête du plus grand des bûcherons. »

«Je vais me venger, grogne et gronde le bûcheron.
Toute petite abeille, entre mes deux doigts,
je m'en vais t'écraser.»

Mais c'est cent abeilles qui volent et piquent
la tête et les bras, les bras et les jambes du bûcheron.
« Bzzzzzzz ! Bzzzzzz ! Bzzzzzz ! »

« Ah ! Tout est perdu ! crie le bûcheron.
Tout est perdu. Je suis vaincu. »

Alors, au loin, tout au loin,
s'enfuit le grand bûcheron…

L'Arbre Roux est resté debout.
La belette, le pic-vert et l'abeille,
le corbeau et l'écureuil, vivent toujours
dans ses branches et sur son tronc.
Et ils y sont heureux.

Et de très loin, les trois oiseaux sont revenus,
pour se cacher derrière ses feuilles,
et chanter, du matin jusqu'au soir,
quand L'Arbre Roux s'endort.

3 chardons

le théâtre à l'école

Les spectacles à l'école

De tout temps, les écoles maternelles et primaires ont ouvert leurs portes pour accueillir des spectacles susceptibles de participer à l'éveil des enfants dont elles ont la charge. Des compagnies théâtrales professionnelles ont choisi de consacrer toute leur énergie à ce public et de se déplacer dans les établissements scolaires. Par leur diffusion populaire, ces compagnies permettent à tous les enfants de France, quelle que soit leur origine socio-économique et quel que soit leur lieu de résidence, de découvrir et d'apprécier des spectacles vivants tout spécialement conçus pour eux. Sans ces compagnies, 95 % des enfants de 2 à 8 ans ne verraient jamais aucun spectacle vivant adapté à leur âge.

Depuis 1973, les 3 CHARDONS participent à cette diffusion populaire. Ils se sont organisés comme une véritable entreprise afin de toujours garantir la qualité de leurs productions, et ce tout en pratiquant des tarifs abordables pour tous.

Après plus de trente années d'existence, et malgré les difficultés économiques que rencontre toute compagnie théâtrale, les 3 CHARDONS veulent rester fidèles à leur démarche originelle. Avec la fidélité des enseignantes et des enseignants qui leur ont toujours fait confiance, ils veulent continuer à réaliser des spectacles complets basés sur des histoires construites et présentés par des comédiens professionnels, avec des décors, des marionnettes, des musiques tout spécialement composées, etc. et ce pour le plus grand plaisir de tous les enfants.

 - ISBN 2-86358-132-5
Dépôt légal octobre 2002 - Loi 49956 du 16 juillet 1949 sur les publications destinées à la jeunesse
Imprimé en Belgique
AR LC 1108

et leurs prolongements

Les livres

Les livres 3 CHARDONS permettent aux enfants de retrouver tous les personnages du spectacle et toute l'émotion qu'ils ont ressentie pendant la représentation. Ainsi le plaisir des enfants peut-il être mis à profit pour prolonger la démarche entreprise par l'école : développer leur intérêt pour le livre et la lecture.

Les CD

Les CD 3 CHARDONS permettent aux plus petits de bien prendre le temps de découvrir le livre tout en s'imprégnant des rythmes de la lecture. Ils permettent aux plus grands de ressentir tout le plaisir et toute la poésie de ces rythmes inséparables d'une bonne lecture.

Les spectacles à la cachette

Tous les spectacles 3 CHARDONS sont régulièrement présentés, à l'intention des familles et en dehors des jours scolaires, dans la salle de spectacles créée par la compagnie :

la cachette
124 avenue d'Italie - 75013 Paris
tél : 01 45 89 02 20
www.lacachette.fr

la cachette
le théâtre en famille

Sais-tu qui sont tous ces personnages ...

S : LE BEL OISEAU - S1 : Petit Louis - S2 : L'oiseau de Petit Louis - S3 : L'oiseau de Monsieur Louis - S4 : L'oiseau de Père Louis - J : LUCINE ET MALO - J1 : Lucine - J2 : Malo - K : MIRABELLE ET SES AMIS - K1 : M
L3 : Les deux noirs dindons - L4 : La poule - L5 : L'oie - M : PATAPOUM ET CELESTINE - M1 : Patapoum - M2 : Célestine - M3 : Monsieur Poum - N : PAILLASSE L'EPOUVANTAIL - N1 : Paillasse - N2 : Armand I
P2 : Soleil Rouge - P3 : L'oiseau blanc - P4 : Le rat riche - P5 : L'ours fort - Q : PETIT SAPIN QUATRE SAISONS - Q1 : Petit Sapin - R : TCHICO - R1 : Tchico - R2 : Papote - R3 : Gros Lourd - R4 : Brindille - R5 : Trois